LE
DOCTEUR H. DONON

« L'homme n'a que des devoirs »

COULOMMIERS

IMPRIMERIE MÉDÉRIC CHAROT

1886

LE DOCTEUR H. DONON

COULOMMIERS. — IMPRIMERIE MÉDÉRIC CHAROT.

LE
DOCTEUR H. DONON

« *L'homme n'a que des devoirs* »

COULOMMIERS

IMPRIMERIE MÉDÉRIC CHAROT

—

1886

Dans cette notice, consacrée à la mémoire d'un de nos meilleurs et plus anciens amis, et destinée à conserver son souvenir dans les localités où il a passé la plus grande partie de son existence, nous rappellerons en quelques pages la vie de celui que nous pleurons, ses idées philosophiques et ses obsèques.

LE DOCTEUR H. DONON

I

Le vendredi 19 février, une douloureuse et imposante cérémonie réunissait à Saint-Cyr-sur-Morin près de deux mille personnes. On allait rendre les derniers devoirs au médecin dévoué, au citoyen honnête qui, pendant trente-quatre ans, sans une minute de défaillance, s'était donné tout entier au pays qui était devenu son pays d'adoption, où il avait largement distribué tout ce qu'il avait de force, de cœur et de savoir, mettant en pratique les principes philosophiques qui ont fait son bonheur, en cherchant à diminuer le malheur des autres.

Né à Roye (Somme) le 28 août 1826, et affecté

d'une infirmité qui semblait le condamner à la vie sédentaire, Hector Donon, après avoir terminé ses études classiques à Paris, se sentit attiré vers la médecine qu'il considérait comme le complément des études sociologiques. En 1846, il prit sa première inscription à la Faculté de médecine, et, après six années d'études, il soutint le 2 juillet 1852 sa thèse pour obtenir le grade de docteur. Son esprit philosophique lui fit choisir un sujet un peu en dehors des données habituelles, et il traita *Du syllogisme dans les sciences médicales.*

Des relations de famille l'amenèrent bientôt à Saint-Cyr, et, sans compter avec ses forces physiques, le docteur Donon trouva dans son amour de l'humanité toute la vigueur que réclame le rude exercice de la médecine à la campagne. Il était à peine arrivé au milieu de sa clientèle, que l'épidémie de choléra de 1854 mit à l'épreuve le jeune praticien. Pendant plusieurs mois, jour et nuit, par tous les temps, par tous les chemins, il montra ce que peut une volonté ferme au service de l'humanité. Sa conduite, son abnégation furent récompensées par une médaille d'or que lui décerna l'Administration. Le D**r** Donon avait fait ses preuves, et sa réputation s'étendit vite dans les localités voisines. Quand une telle renommée ne repose pas sur des bases solides, tôt ou tard elle s'effondre : celle du Dr Donon ne fit au contraire que se consolider. Praticien consciencieux, il n'abandonnait rien au hasard : doux et affable par nature, il gagnait l'affection de ses malades par l'aménité de son caractère : sévère et dur pour lui, il avait pour les autres un fonds inépuisable d'indulgence. Sa physionomie franche et ouverte inspirait la plus grande confiance. Il poussait aussi loin que possible le culte de l'amitié : « tout pour les autres, le reste pour lui » : c'était une de ses devises.

Quand un médecin vit pendant longtemps au milieu de confrères, il est rare qu'il ne s'élève pas quelquefois des froissements, souvent occasionnés par quelques propos malveillants ou inexacts. Pendant trente-quatre ans, le Dr Donon a vécu à Saint-Cyr, et il a su, par son honnêteté et sa délicatesse, éviter tout ce qui aurait pu altérer les rapports de la bonne confraternité. Sa maison a été pendant longtemps le rendez-vous annuel de ses confrères, qui venaient s'y raconter les soucis de la clientèle et resserrer les liens de l'amitié. Aussi le

Dr Donon était-il souvent appelé par les médecins des environs pour les aider de ses conseils, de son expérience et de sa sage prudence.

Sa voiture était son cabinet de travail journalier : c'est là, en allant visiter ses malades, qu'il se tenait au courant de tout ce qui se publiait dans le monde médical : livres, brochures, journaux étaient ses compagnons de voyage, et, les visites terminées, rentré seul à son foyer, il se délassait des fatigues et des soucis de sa profession, en cherchant de nouvelles forces dans l'étude de la philosophie positive qu'il avait embrassée dans sa jeunesse et dans le culte de laquelle il vécut et mourut.

En 1870, pendant la guerre terrible qui nous inonda d'ennemis, son cœur fut douloureusement affecté : il subit l'invasion avec sa résignation philosophique, et, si sa main n'était pas faite pour porter les armes, il luttait par la parole contre les médecins étrangers, ses hôtes forcés, cherchant à leur prouver que si les Allemands étaient nos supérieurs par le nombre, c'était la seule supériorité qu'ils eussent sur nous.

Sa modestie le faisait rester à l'écart de toutes les positions officielles qu'il eût pu occuper dans sa localité. Il fallut le prendre pour ainsi dire de force pour le faire asseoir au Conseil municipal, où il avait l'estime et la sympathie de tous.

Vers le mois de septembre 1885, la santé du docteur Donon commença à décliner. Ses fonctions digestives s'altérèrent. Il continua néanmoins l'exercice de sa profession, malgré les avis de ses amis.

Lorsqu'au mois de novembre deux de ses confrères et camarades d'études allèrent le voir, comme amis et comme médecins, ils furent frappés de l'altération qu'ils trouvèrent dans sa physionomie. « Mon mal est là », disait-il, en montrant son estomac. Après l'avoir examiné, constaté la nature inexorable de sa maladie, et l'avoir rassuré autant que possible, s'appuyant sur les probabilités d'une erreur de pronostic, ils l'engagèrent au repos. « Je sais ce que j'ai, dit Donon ; aujourd'hui, tout à l'amitié ; demain, je commencerai mon traitement. » C'est à grand'peine qu'il prit enfin du repos et seulement lorsqu'il fut assuré que ses clients ne manqueraient pas de médecin.

Le mal fit des progrès rapides. Donon ne voulut pas quitter Saint-Cyr : il préféra mourir dans le pays qu'il avait adopté, dans la maison qu'il avait habitée pendant trente-quatre ans, et où il avait été heureux.

Sachant que son mal était sans remède, il s'était préparé philosophiquement à la mort : il avait rédigé ses dernières volontés avec le calme d'une conscience tranquille, et il attendit la fin de ses souffrances, sans crainte, sans défaillance, cherchant à éviter à son entourage le douloureux moment de la dernière heure, qui arriva le mercredi 17 février 1886.

Pauvre Donon, pour vos amis, vous êtes de ceux à qui l'on succède, mais qu'on ne remplace pas....

Dʳ A. CORLIEU.

II

C'est après la Révolution de 1848, à une époque
d'effervescence profonde et d'efforts sérieux, que
nous fîmes la connaissance de Donon à l'École
pratique de la Faculté de médecine de Paris.

Il était parmi ceux qui, sans négliger en rien
des études difficiles et persévérantes, s'étaient donnés
à la République et suivaient avec ardeur le mou-
vement intellectuel et social qu'elle avait suscité.

Lorsque nous eûmes, chacun de notre côté,
quitté les bancs pour aller exercer la médecine en
province, le hasard (et je l'en bénis) nous fit nous
retrouver au lit d'un malade pendant l'épidémie de
choléra de 1854 ; Donon s'était fixé à Saint-Cyr, et
j'étais à La Ferté-sous-Jouarre.

Je le retrouvai tel que je l'avais connu à Paris,

avec le culte de sa profession, le feu sacré, faut-il dire, et toujours aussi enthousiaste en philosophie qu'en politique.

Mais ce que je n'avais fait qu'entrevoir, à l'École, de sa précieuse nature morale, je pus le constater bientôt et de plus en plus, à la campagne : c'était un cœur d'or, riche d'attachement et de bonté, plein de charité et de délicatesse, de douceur et d'une tolérance dont il faut avoir éprouvé le charme pour s'en faire quelque idée ; avec cela un esprit ouvert, chercheur, des connaissances très variées, une instruction professionnelle sans cesse étendue, et cet instinct profond, que la vie privée doit se subordonner à la vie publique. Mais son extrême modestie ne permettait pas qu'on lui témoignât l'estime qu'il inspirait : il fallait l'aimer sans le lui dire, en quelque sorte malgré lui.

Lorsque nous avions quitté Paris à la fin de nos études, Donon se rattachait encore à la doctrine et à l'école de Proudhon, tandis que j'avais fait acte de complète adhésion au positivisme. Or, la théorie de la mutualité et de la coopération, toute basée sur *l'intérêt,* ne devait pas suffire longtemps à une âme aussi ardente et aussi élevée que celle de notre ami,

à un esprit nourri de science, d'art et de littérature,
et pouvant embrasser dans son ensemble le problème
humain, sans le restreindre à la seule économie
politique.

Assurément, le proudhonisme avait eu son
heure d'utilité en montrant l'inanité de réformes
aussi enfantines que celles de Cabet et de Fourier ;
mais, quant à y trouver les bases de la réorganisation
que la Révolution a imposée au XIX⁰ siècle, il n'y
fallait pas songer !

C'est ce que sentit de lui-même notre philo-
sophe ; prévenu, mis sur la voie, il s'éleva sans
effort à la doctrine d'Auguste Comte, qui devint
et resta la foi de son âge mûr.

En effet, la philosophie positive, par son objet — la
connaissance scientifique du monde et de l'homme
— et par sa méthode — l'observation et le raisonne-
ment, — se trouvait être le complément naturel, forcé,
de toutes ses études antérieures, l'aboutissant né-
cessaire, la coordination définitive de ses méditations
biologiques, politiques et sociales ; tandis que la
morale positiviste et la religion de l'Humanité,
convenaient singulièrement à sa nature généreuse,

à ses irrésistibles instincts d'attachement, de vénération et de bonté.

Aussi est-ce là, sur ce fond solide, qu'il jeta l'ancre, et trouva la systématisation de sa vie privée et publique, cette loi de dévouement, d'altruisme, qui devint la règle de tous ses actes, comme en témoigna de plus en plus sa conduite; ainsi que cette formule décisive : « vivre pour autrui », à laquelle, — on l'a éloquemment rappelé sur sa fosse ! — il sut conformer toute son existence, et qu'il ordonna de graver sur sa tombe, au-dessous de ce résumé général de la foi qui avait, pour toujours, conquis son assentiment : « L'amour pour principe et l'ordre pour base, le progrès pour but. »

Afin qu'il n'y ait pas d'équivoque sur ce point important, nous ajoutons ici le passage de sa lettre à M. Rhétoré, de Jouarre, où il commenta lui-même sa dernière volonté :

« Dans mes devoirs et dans mon culte, j'ai substitué la Providence humaine, toujours altruiste, à la Providence divine, toujours égoïste, et je m'en suis trouvé amélioré. — Hector Donon, médecin à Saint-Cyr-sur-Morin depuis 1852. »

Disons aussi qu'avant de mourir, lorsqu'il eut

décidé que son enterrement se ferait sans l'inter-
vention du clergé, et serait laïque, *civil,* il écrivit à
M. le curé de Saint-Cyr, avec lequel il était, comme
avec tout le monde, en bonnes relations, une lettre des
plus honorables, pour lui expliquer sa détermination.

Voilà comment il avait envisagé et arrangé sa
mort prochaine, avec le calme et la fermeté du
stoïcien, et comment il put réunir autour de sa tombe
un concours aussi mérité. Femmes et hommes,
paysans et citadins, pauvres et riches, conservateurs
et républicains, catholiques et libres-penseurs, repré-
sentants du passé et de l'avenir, adversaires dans
le présent, n'avaient pu s'empêcher de se rencontrer
une fois et de s'unir, en dépit des préjugés et des
passions qui divisent notre société, sous les auspices
d'une personnalité aussi chère à tous et aussi
propice, aussi exceptionnellement délicate, élevée
et sympathique.

Que sa mémoire vénérée reste longtemps dans
nos souvenirs !...

Dr ROBINET.

III

Article nécrologique consacré au Dr DONON,
dans la *Médecine contemporaine.*
(1er Mars 1886)

Vendredi dernier (19 février), la petite commune de Saint-Cyr-sur-Morin (Seine-et-Marne), rendait les derniers devoirs au docteur Donon, qui est arrivé dans cette localité en 1852, et qui y a exercé sa profession pendant trente-quatre ans, avec une abnégation qui n'a pas connu une heure de défaillance. Pendant cette longue période, jour et nuit, le docteur Donon a largement payé de sa personne. Malgré une infirmité pour laquelle mon père, le docteur Vincent Duval, lui avait rendu la marche possible, le docteur Donon donnait l'exemple aux plus solides. Il a consacré à sa profession tout ce qu'il avait de forces et de patrimoine, donnant ses conseils à tous et ouvrant sa bourse aux déshérités. Il avait obtenu une médaille d'or pour son dévouement pendant le choléra. Il appartenait à l'école positiviste, et sa tolérance pour ceux qui ne partageaient pas ses opinions était complète. Il prêchait par son exemple et faisait passer avant toutes choses le culte de l'Humanité.

Bien que Saint-Cyr soit une petite commune de six ou sept cents habitants, près de deux mille personnes venues de toutes les localités voisines, assistaient au convoi, et le Conseil municipal, reconnaissant, a voté à l'unanimité une concession à perpétuité au modeste praticien qui s'était donné tout entier au pays.

Notre confrère et ami a succombé à une maladie organique de l'estomac.

Des discours ont été prononcés sur sa tombe par le vice-président du Conseil général, par le maire de la commune, par le président de l'Association des médecins de l'arrondissement et par le président de la Société de secours mutuels.

En sortant du cimetière, nous constations que si c'est à Paris qu'on trouve les *grands* médecins, c'est à la campagne qu'on rencontre les *vrais* médecins.

Em. Duval.

I V

Article sur les obsèques du Dʳ DONON.

Extrait du journal l'*Éclaireur*
(20 Février 1886).

Hier vendredi, à trois heures, avaient lieu à
Saint-Cyr-sur-Morin, les obsèques civiles de M. le
Dʳ Donon, décédé l'avant-veille en pleine connaissance, après une longue et douloureuse maladie.
Nous n'avons pas à retracer ici la carrière de cet
homme si bon, si dévoué et qui fut un type accompli
du vrai républicain. Mieux que nous ne saurions le
faire, les discours prononcés sur sa tombe ont rendu
hommage à ses vertus. Un membre de la Société
de secours mutuels d'Orly, venant à nous après la
cérémonie, nous le répétait : « Ne manquez pas de
dire, monsieur, que le Dʳ Donon n'était pas pour nous

un simple médecin, mais bien un vrai père et le meilleur de nos amis. »

On ne peut guère évaluer à moins d'un millier, le nombre des personnes qui s'étaient fait un devoir d'assister à ses obsèques. On remarquait dans le cortège tous les médecins à peu près de l'arrondissement, et toutes les notabilités de la région.

La cérémonie a été aussi triste qu'imposante. Les cordons du poêle étaient tenus par MM. Chazal, conseiller général du canton de Rebais, Jorand, maire de Saint-Cyr, le Dr Robinet, médecin à Paris, le Dr Corlieu, bibliothécaire de la Faculté de médecine, Duval, conseiller d'arrondissement, et Mie, président de l'Association des médecins de l'arrondissement.

Derrière le cercueil, qu'escortaient les collègues de M. Donon au Conseil municipal et la subdivision de sapeurs-pompiers, venait la Fanfare, dont il était membre honoraire et qui, sous la direction de son dévoué chef, M. Yvonnet, a joué avec goût plusieurs morceaux funèbres. A la suite de la Fanfare, la société de secours mutuels d'Orly, La Trétoire, etc., puis la foule.

Au cimetière, au milieu de l'émotion générale,

quatre discours ont été prononcés, le premier, par M. Chazal ; le second, par M. Duval ; le troisième, par M. Mie ; le quatrième, par M. Jorand.

Voici le discours de M. Chazal.

J'ai un devoir à remplir, je veux m'efforcer d'y satisfaire. Vous me pardonnerez. si devant la perte d'un aussi cher ami, la douleur qui me serre la gorge rend ma parole incertaine et m'empêche de rendre au citoyen le témoignage public que je lui dois.

Donon était si modeste, son exceptionnelle vertu si naturelle, son originalité si peu cherchée qu'il faut que la mort soit venue nous arracher le trésor de dévouement et d'amour de l'humanité que nous avions sous la main pour que nous en sentions toute la valeur en même temps qu'il nous en faut déplorer la perte.

Il fallait vivre avec Donon. dans son intimité. pour apprécier sur quelles bases inébranlables, sur quelles convictions longuement méditées se fondait cette pratique aimable et facile de la vie qui le rendait à la fois si avenant et si secourable.

Que de fois il m'a livré son secret : quelques-uns en riront, d'autres protesteront ; lui, il y a conformé sa vie entière sans un moment de défaillance.

« L'homme, disait-il, n'a pas de droits, il n'a que des devoirs. »

Tous les malheurs qui le frappent, toutes les déceptions qui le torturent, toutes les injustices qui le brisent, il doit les accepter comme accidents de nature, le monde ne lui doit rien.

Lui, il doit tout aux autres, efforts de travail, efforts de volonté, tout pour autrui, c'est un devoir qu'il accomplit, un devoir strict, entendez-le bien, pour lequel il n'a droit à rien pas même à de la reconnaissance.

Connaissez-vous une morale plus pure, plus élevée dans sa conception? le bien pour le bien, sans aucun espoir de récompense et non le bien pour un bien plus grand, qui pour n'être pas de cette terre n'en est pas moins un contrat où l'on donne pour recevoir davantage.

Eh bien ! cette morale si admirable qu'elle semble surhumaine, elle a été pratiquée au milieu de nous silencieusement, gaiement, avec une fermeté qui ne s'est pas démentie depuis trente-quatre ans.

Infirme, Donon a accompli une tâche qui aurait fait reculer les plus valides : chûtes de cheval, chûtes de voiture, indispositions graves, rien ne l'arrêtait ; nuits de froids terribles, nuits de neige et de verglas, noyades des grands orages n'étaient pour lui que des incidents ordinaires ; plus brave que les plus braves, il savait à quels dangers il s'exposait, il savait qu'il donnait sa vie, mais il la regardait comme un bien qui ne lui appartenait pas. Quand il s'est senti définitivement frappé, croyez-vous qu'il ait pensé à lui ?

Quelqu'un peut-il dire qu'il l'ait entendu se

plaindre ? Il n'a eu qu'une préoccupation : le sort de ceux qu'il allait exposer à rester sans soins médicaux ; ses forces le trahissaient, il arrivait à dominer leur défaillance, usant volontairement ce qui lui restait de vie jusqu'à ce qu'il ait pu remettre en d'autres mains la lourde charge de la santé publique.

Ce dernier sacrifice. il l'a accompli comme tous les autres. si simplement que pour en connaître la grandeur il fallait savoir comme lui le terrible secret de son existence définitivement condamnée et dont il dédaignait de racheter un seul jour par l'abandon d'un seul de ses devoirs.

Un tel homme ne pouvait être que Républicain, il l'était jusque dans les moëlles. Républicain pratiquant, avide de liberté et d'indépendance pour tous et partout, se croyant avant tout obligé de respecter celle des autres tout en tenant énergiquement à la sienne ; incapable de comprendre autre chose que l'égalité, ne connaissant d'autre dégradation que la dégradation morale et trouvant encore des trésors d'indulgence pour l'expliquer comme une fatalité ; vous savez tous comment il pratiquait la fraternité.

Sa modestie ne lui a jamais permis de briguer une fonction publique, il a fallu le prendre par la main pour en faire un conseiller municipal et un délégué cantonal. Il ne s'est trouvé au-dessous d'aucun des nouveaux devoirs qui lui étaient imposés. En revanche, son concours était acquis à toute œuvre utile. on le trouvait toujours prêt. de sa personne et de sa bourse.

La caisse cantonale des écoles le comptait parmi ses membres les plus actifs, il était membre honoraire de la société de secours mutuels de Saint-Pierre, membre honoraire de la Fanfare.

Il est mort comme il a vécu, ferme dans ses convictions, ayant toute sa connaissance, préoccupé seulement d'éviter à ceux qui l'entouraient le spectacle de sa dernière agonie et s'efforçant pour cela d'éteindre les lumières, fidèle à sa devise :

« Il n'y a que des devoirs. »

Cher Donon, mon fidèle ami, vous qui avez été si souvent pour moi un enseignement et un modèle, je vous dis adieu au nom de tout le canton, au nom de la délégation cantonale, au nom de la caisse des écoles, au nom de la société de secours mutuels, au nom des membres de la Fanfare, au nom des sapeurs-pompiers, au nom de tous ceux qui sont venus ici vous rendre un public témoignage.

Et cependant je sais que vous ne mourez pas tout entier, le meilleur de vous vous survit, l'exemple que vous avez donné et le souvenir que plusieurs générations conserveront de votre passage au milieu de nous.

Adieu, mon cher ami ;

Je n'ai pas votre fermeté, c'est avec une bien vive douleur que je vous parle pour la dernière fois.

M. Duval, qui a pris ensuite la parole au nom de la Société de secours mutuels d'Orly, a exprimé en quelques mots des sentiments de reconnaissance et de sincère regret; puis M. le Dr Mie, au nom de l'Association des médecins de l'arrondissement, a prononcé le discours suivant :

Avant de quitter ce lieu de douleur. il m'incombe un dernier devoir à remplir; mes confrères et moi nous ne pouvons nous séparer de l'honorable défunt sans lui adresser un suprême adieu. C'est une pieuse coutume à laquelle je n'aurai garde de manquer.

M. Hector Donon, après de solides études à la Faculté de Paris, vint en 1852 se fixer à Saint-Cyr-sur-Morin, pour pratiquer la médecine.

Dans l'exercice de ses pénibles et laborieuses fonctions, il montra la générosité de son cœur et sut faire apprécier l'étendue de ses connaissances médicales.

Son dévouement sans bornes, son activité sans relâche et l'aménité de son caractère lui attirèrent bientôt une nombreuse clientèle. Au bout de quelques années, M. Donon fut un des praticiens les plus répandus et les plus justement considérés.

L'épidémie de choléra qui, en 1854, décimait cette contrée, offrit un vaste champ à son savoir, à son dévouement et à son inépuisable charité envers les malades nécessiteux.

Le calme revenu, l'administration supérieure

récompensa sa belle conduite et son périlleux dévouement par une médaille d'or.

Ce n'était que justice ; tous ses confrères applaudirent à cette juste et méritée récompense.

Pendant trente-quatre ans, habitants de cette contrée, vous l'avez vu à l'œuvre ; jour et nuit sur pied malgré ses infirmités corporelles, il ne remît jamais au lendemain les visites qu'il pouvait faire la veille.

Le succès de clientèle obtenu par notre collègue n'était pas le résultat d'un engouement passager, mais était bien dû à des connaissances médicales très étendues et très sérieuses, ainsi qu'ont pu le constater les médecins qui ont eu avec lui des rapports de consultations et qui rendent hommage à son savoir et à la loyauté de son caractère.

A la tête d'une clientèle très étendue, M. Donon se dépensait et s'usait sans s'en apercevoir, faisant comme beaucoup d'entre nous qui embrassent plus qu'ils ne peuvent étreindre ; il s'affaissait un jour pour ne plus se relever. L'intelligence resta nette, mais ce corps broyé par les fatigues marchait à grands pas vers une destruction prochaine. Mercredi matin, il exhalait son dernier souffle.

M. Donon était profondément dévoué à notre association. Il fut un des fondateurs de notre société locale ; il y a cinq ans, bien malgré lui, nous l'avons élu vice-président.

Je ne vous parle de lui que comme médecin, une

autre voix vous a parlé des services que, comme délégué cantonal, il a rendus à l'instruction primaire, et de l'autorité dont il jouissait au sein du Conseil municipal.

Au nom de mes confrères et au mien, et au nom de l'Association générale des médecins de France que je représente ici, j'adresse à notre regretté et honoré confrère un éternel et sympathique adieu.

M. Jorand, maire de Saint-Cyr, a clos la série des discours, en prononçant avec émotion, les paroles suivantes :

Avant que cette tombe ne se recouvre, j'éprouve le besoin de laisser exprimer à mon cœur affligé les sentiments de respect et de vénération que j'ai pour l'homme de bien qui, hélas, nous est trop tôt ravi.

M. Donon venait se fixer à Saint-Cyr, comme médecin, en 1852. Le zèle avec lequel il exerça son art, son aménité, son affabilité, la douceur d'un caractère exceptionnel lui concilièrent vite l'affection générale. En 1854, l'épidémie cholérique sévit ici d'une manière très intense. Le dévouement qu'il mit à combattre le fléau fut remarqué de l'administration supérieure qui lui fit décerner une médaille d'or. Depuis, ce zèle, ce dévouement dont il avait fait preuve, ne se sont pas départis, et notamment dans l'épidémie variolique de 1870 où nos populations furent encore fort éprouvées.

A compter de 1871, et jusqu'à ce jour, il fut appelé en qualité de conseiller municipal à administrer les affaires communales. Là, sa passion dominante, le bien public, se fit voir dans tout son jour. Aussi, aucune question d'intérêt général ne le vit indifférent à sa cause, et il n'éprouvait une réelle satisfaction que lorsqu'il l'avait vue triompher.

Il possédait toutes les vertus civiques, et nul n'avait plus profondément gravé dans le cœur l'amour de l'humanité. Je n'exagérerai donc pas son éloge en disant qu'il est mort à Saint-Cyr un homme qui faisait honneur à l'homme.

Cher monsieur Donon, il est triste, pénible, cruel, le moment de la séparation, mais laissez-moi vous dire que la population présente portera religieusement en elle le souvenir de vos bienfaits, qu'elle le transmettra à la population future et qu'ici vous vivrez encore avec nous et avec nos descendants.

Cher Monsieur, en mon nom, au nom du Conseil municipal, au nom des habitants de la commune, adieu !

Pendant tous ces discours le recueillement était complet, l'émotion poignante, et nous avons vu couler bien des larmes qui sont le témoignage le plus éloquent des regrets laissés par l'excellent docteur.

M. le Dr Donon n'était âgé que de cinquante-neuf ans, mais toute sa vie, on peut le dire, a été consacrée au bien.

www.ingramcontent.com/pod-product-compliance
Ingram Content Group UK Ltd.
Pitfield, Milton Keynes, MK11 3LW, UK
UKHW022327170726
13837UKWH00005BA/2153